S.F.
V.

Rose Ausländer

Ich spiele noch

Gedichte

S. Fischer

Umschlagentwurf: Buchholz/Hinsch/Walch
Satz und Druck: Wagner GmbH, Nördlingen
Einband: G. Lachenmaier, Reutlingen
Printed in Germany 1987
ISBN 3-10-001526-6

Ich eine kleine Blume

Dennoch Rosen
sommerhoch
Schmetterlinge
Möwenschwingen
überm Fluß

Nein
ich vergesse nicht
die eingebrannten Jahre
ich vergesse nicht
daß Stiefel
den Regenbogen zertraten
daß sie sich rüsteten
uns zu verwandeln in
Feuerrosen Feuerfalter Feuerschwingen

dennoch sommerhoch
der Duft
die Doppelflügel überm Fluß
das Gold auf meiner Haut

und die toten Rosen
nach der Nacht

Wir
träumen Schlaraffenland

Schlaf und Bilder
in allen Farben
was mein ist
ist unser

Wir bauen
Papierpaläste
pflanzen
Wortwälder im Jagdrevier

Vögel aus Luft
unsere Beute

Die
Finsternis wächst

auch
im Licht

es ist kalt
wir erfrieren

stehle einen
Funken Sonne
zünde
ein Feuer an
in der Straße
aus Stroh

wärme
dein Wort

Im Leuchtfeuer
des Abendrots
verklingen
die Furchen der Furcht

Du schreibst
an den
Rand des Horizonts
ein Gedicht

Augenblicksstimmung
Zufallsfarben

Hereingefallen
sind wir
Luzifer
hat es uns
längst prophezeit

Kreisend
im Kreis
unserer Gewohnheiten
fallen wir
nicht aus der Rolle

Fallen nicht auf
lebend oder tot

Wir
haben uns nichts vorzuwerfen
wir
wissen was wir tun

Die Anderen
ja die Anderen
das Übel

Wir
wohnen im Weihrauch
das Vaterunser
beschuldigt uns nicht

Wir
eine reiche Gemeinde
zahlreich
gut gerüstet
gegen die Anderen
hinter dem Zaun

Die anderen Übeltäter
wissen nicht was sie tun

Keine Gedichte
im Augenblick
ich will leben

Morgen
vielleicht
glückt das Wort
weißes Blatt
Wald voller Vögel

Ich
spitze die Ohren
sehe mit den
Eulenaugen der Nacht

keine Gedichte
Morgen
vielleicht

Du warst
kein Versprechen
verläßlich

Erinnerte Zukunft
Obdach für Findlinge

Die fanden sich
in deiner rauhen
wahrgewachsenen Wärme

Aufatmen
wenn die Gefahr sich verbirgt
in einer Furche Hoffnung
und die Stirnwunde
vernarbt

Ich
bin Kain
ich habe
dich erschlagen
Abel
mein
auferstandener Bruder

Zeitlebens räche
ich mich
an mir

Aber du
was suchst du
hier
bei meinem
verfluchten Geschlecht

Nichts
tröstet

Von den Bergen
fallen
weiße Tücher
das Fenster
erblindet

Im Zimmer hockt
die Nebelkatze
ihre Feueraugen
verbrennen
die kommende Zeit

Ich lausche
dem Monolog des Mondes

Seine gelben Silben
tropfen in meinen Kelch

Wir werden
uns finden
wenn wir
Kinder
geblieben sind

Ich
eine kleine Blume

Wer nannte mich
Rautendelein

Wahrhaftig eine Rose

sagte der Mann
und ging weiter

Letzte Wiederkehr
ins Nichts
Weltreise
nach der
ich mich sehnte

Die Erde
tanzt um mich
libellengleich
Mit ihr
als Sternenherz
verglühn

Vergiß
meine ängstlichen Gesten
Vorbei
was mich in Schlaf
gewiegt hat

Ich schicke den
Traum auf dein
Haar
und singe
Morgen
zu spät

Morgens
eine Nachtigall
im Garten

Sie hat
mein Lied erraten

aus Seide und Schmerz

Im Sommer
hör ich die Bienen
im Winter den Frost

Ich trinke
den Honig deiner Zärtlichkeit
und
das Eis deiner Gegenwart

Zwei Wunder
in einer Schale

Jenen
verlorenen Zeiten
bleibe
ich ewig treu
und spiele
mit Ball und Reifen
und tanze
mit Schatten im Hof

Ich sammle
meine Verluste
in einer Schale
sie blühen schwarz
wie Mohnduft
in mein Niemandsland

Aus der Sonne
fallen Bienen
in mein Licht

Mit meinem
Schatten tanzt
ein Zauber

Am Ende der Zeit
werden wir uns
umarmen
und der Erde
Ade sagen

Sie nimmt uns
in ihren Schutz

Ich danke
den Göttern
für Oliven
und Wein
für Melonen
und Rosen
für die
erwachten Frühlingswelten

Ich kreise
im Kreis
der Gestirne
ein ehernes Spiel
aus Zukunftsmusik

Das Weiß einer Säule
aus dem weißen Athen

Hier bin ich wiedergeboren

und schöpfe Schaum
aus der Traumbrandung

Am Himmel
die künstlichen Vögel
umgeben von Sternenspruch
die Sichel wächst
und Schatten werfen
finstere Tücher herab

Ich muß einen
Traum bestellen
aus tausend
und einer Nacht

Vergeßt mich
nicht fremde Freunde
bergt mich in
eurer Höhle
rettet mich
durch die Nacht

Ich bin
schon lange verschollen
doch
ich lebe immer noch
in einem
verlorenen Zimmer

und spiele
mit Worten
wie ein
törichtes Kind

Mit den holprigen Jahren
wachsen die Wände
sich satt

ich reite auf
einem Drachen
in ein verwunschenes
Land

dort wachsen
blühende Worte
und auch weichgrünes
Moos

Es wird noch
manches geschehen
eh ich nach Kimpolung
komm

Der Auferstandene
küßt
mein erfrorenes Wort
tote Seelen
bitten mich um
ein treues Gedicht
das
die Würmer erwürgt

Als ich
aus der
Kindheit floh
erstickte
mein Glück
in der Fremde

Als ich
im Getto
erstarrte
erfror
mein Herz
im Kellerversteck

Ich Überlebende
des Grauens
schreibe aus Worten
Leben

Aus fernen Welten
fallen Worte
mir in die Hand

Der Herr
ruft hilf
du mußt mir
sieben neue Tage schaffen

Vergib mir Herr
meine Hand versagt
vergib mir Herr
vor dieser Last

Ich wohn
auf einer Zauberinsel
wie einst
der arme Robinson

Früchte nähren mich

doch ohne Wort
und Menschen
muß ich

verhungern

Ich entdecke
im Herzen der Sonne
eine Amsel
Sie singt mir
herrliche Stunden
einen heiteren Tag

Es fliegen die silbernen
Tränen
hinunter ins Totenreich

Mit toten Freunden
zu zechen
ist mir Gewohnheit

Sie haben nicht vergessen
ich ziehe ein Wolkenkleid
an

Freundschaft
mit dem
Mondmann
darfst
toter Freund
nicht neidisch sein

Wir verstehen uns
schon seit vielen Jahren
ich erfreue mich seiner
Gunst
mit stillem Wasser
das nicht trunken macht
trink ich ihm zu

Aufwiedersehn
bleib mir gut
bis ich dein Licht
verlassen muß
Aufwiedersehn

Ich schmücke
einen Osterbaum
mit Versen
von vergangnen Meistern

ich habe keinen
je vergessen

Vielleicht
vergessen auch sie
mich nicht

Die Tage des Schweigens
sind noch nicht vorbei

Es schneit Verzweiflung
das Eis verwandelt sich
in Blumen
ich sause im Karussell
den Rareu hinab

irgendwo hockt der April
und ruft die Tauben

Auf den Eisfenstern
blühten die Blumen
in der östlichen Stadt
Wir sind ein fremdes
Völkchen
ohne Schutz und
Beschützer
preisgegeben dem
weißen Mord

Ich war
ein Vogel
eine Feder
war ich
oder hat mich
der Morgenstern getäuscht

oder war der Traum
eine Schnecke
in deren Haus
ich mich verlor

Freund
kennst du
die Antwort

In das Mondhorn
blase ich
einen tollen Kinderreim
Mutterlied
vor meiner Geburt

Der Mond lacht
mich aus

Warum

Wir schenkten uns
doch
üppige Wolken
aus schwingendem
Regenwein

Im Mund des Mondes
wachsen Legenden

Ich schlief hundert Jahre
bis der verschollene
Prinz Ruprecht mich küßte

Da fing
wahrhaftig
das Leben an

Mit Habgier
ruf ich deine Seele
und
halte deinen Tod
in Händen
wie einen reinen
Edelstein

Gib Zeichen

Laß uns
zusammenschmelzen

Mit
roter Seide
die Angst vertreiben
die uns
hemmt

Mit
Fingerspitzen rühre ich
deine Seele an
Klares Wasser
das mein Traumbild
spiegelt

Im rötlichen Himmel
entgleitet
der scharlachglühende Ball

Warten
auf den Sturm
deiner Stimme
die mich
im Glück
erwürgt

Wir warten
am Erdrand
auf das
Ereignis aus Feuer

Mondfetzen
in Dornenklauen

Blitzhieroglyphen

Wir warten
aufs Wort

Sitzen
im Leeren
zwischen
Erde und Mond

und warten

Meine Toten schweigen tief

Ich bin mit Füchsen
gesegnet
sie zünden die Zeit
mir an

der Spiegel weint silberne
Tränen
die aus meinen Augen
strömen

Bald ist es vorbei
doch ich frage mich
besiegt mein
Aug die Sonne

Krähenschrei
Schnee wächst wie eine Blume
Winterkälte
wie einst in Czernowitz
Meine Gedanken erfrieren

Mit einem roten Knoten
verbünde ich die Heimatländer
die sich in Schatten
um meine Träume legen
Meine Hand hält den
kalten Himmel
die Sterne sind erfroren

nur
das tote Hündchen
meiner Kindheit
liebt mich

Mich trösten
kindliche Träume
und manchmal
ein bißchen Musik

das Walzerblut ist
schon geronnen

die Mutter sagt
Liebling
vergiß

Mit erznen Schwüren
flieg ich zum Horizont
Sterne zu belauschen

Schenkt mir den Glanz
eurer Augen
vor meiner Wiedergeburt

Mit Zwergen
und mit Riesen
kämpfen
ist meine
nackte Leidenschaft
sie kommen
nachts
zu mir
mit Träumen
gut und böse

so muß es
sein

Amseln
ich streue Brot
bald
ist es Frühling
die Vögel
schwirren mir zu

Ich kann
das Bett nicht verlassen
so
fliege ich hoch
in den Raum
mit den emsigen Amseln
von Wolkenblitzen
beschützt

Säule Schneemann
auf einer weißen
Wolkenbank
Es regnet Eis
auf einen kargen
Winterrest
Krähen tanzen
im Fenster
Ihr Schrei
ein Liebeslied
und
in der Ferne
schwärmen Bienen
um eine bunte
Blumenwelt

Mond
Traum

Die weise
tote Mutter ist
wieder aufgewacht

Mit Moses durch die Wüste
wir backen
Osterbrot

Vergiß und trink
Regenwein

Sternensturz
Nur schöner Schein
Ich spreche
und sollte
Seher sein

Was ist
meine Aufgabe
ein Abenteuer
oder Wortgespinste
die Sterne
schweigen und tanzen
Fächer
um meine Stimme

Nach dem
Feuertanz
die Asche
scharfer
Sensenschnitt
nie wieder
tanzen
nie
sehen

die Toten
wann
kommen sie
wieder

Freund
du warst
ein Irrtum
tausend Briefe
ohne Wahrheit
das Mohnspiel
deiner Lippen
deine Ohnmacht
setzt mich
matt

Weiter wandern

der Tod
wird den Verlust
verstehn

Neue Zeichen
brennen
am Firmament

doch

sie zu deuten
kommt kein Seher

und

meine Toten
schweigen tief

Vor den Garben
kniet ich
bei Sonnenuntergang

um dich zu sehen

Wir Kinder aus
Heuduft
im Wirbel
verirrt
hielten uns
an den Hüften
und
sangen ein
Todesgebet

Ich bin
in ein purpurnes
Glas genäht

Seine Sprünge
sind meine Träume

Der letzte Tod
hat
mich fast umgebracht

Ich warte
auf das neue Sterben

Mein Heimweh
ist ein Stacheltier

Ich werde wund
und aggressiv

Im höchsten Haus
von Ungefähr
liege ich in der Sonne
und verliere
mein üppiges Haar

Komm
Nordwind
rette mein Gesicht

Die Maus
hat ihre
Federn verloren

Der Hase
seine Flügel

Heimtücke

Warum
überleben
in den
kahlen Zellen
der Nacht

Ich
liebe dich
schnurrender Mord

Fixiert
in deinen
kalten Blick

Laß sie
mich spüren

deine
Krallen

Ich
fühl es

Ich bin
Don Quichotte

Kämpfe tapfer
um ein Wort

Sancho Pansa
wie
mein Schatten

Der
Zweifel kommt

Stech
ihn tot

In der Sänfte
gleite ich
durch Wüstensand

Strand Israels

Gebannt
doch
fremd

Meer und Blitz
ein kurzes Glück

Das Bett
holt mich
immer
zurück

Ich liege
mit der Mondsichel
im Atem
so lädt
der Himmel mich ein
die Nacht dröhnt
schwarz und ohne
Sterne
in meinen
Trauertraum

Wenn
die Sterne finster werden
läuft meine
tägliche Lebensstunde ab

Meine abertausend
Himmelsfreunde schweigen

Wir schöpfen
den Wein des Lichts
Er ist herb
wie eine
finstere Frucht
die uns
nicht trösten will

Ich
Mosestochter
wandel durch die Wüste

Ein Lied
Ich hör
Sand und Steine weinen
Hungersnot

Ich habe
noch nicht aufgehört
zu sterben

Wangen margeritenweiß

Noch sagt
mein Ichwort
du
Noch sind
wir Freunde

ein Lebenshauch

Auf dem Kahn
gleiten
durch öde Zeit

Feiern
mit den sieben Zwergen
hinterm Bukowiner Berg

Pakt
mit der
Zukunft

Alte Worte
blühen
Vergangenheit

Sein
Sonnenname
Sein
Wunderwort

Er
hat mich
verraten

Liebe und Haß

Er ist tot

Ich
vergesse ihn immer
und
bleibe ihm treu

Schwebend
auf Weltenbahnen
Wartend
auf ein Wunderwort

Schweigen

Ich bleib
stumm

Engel
warum
hilfst du nicht

Nebelwogen

Pappelwipfel
im Blick

Ausgestreckte Hand
mein
Rückzug ins Nichts

Goldgehäuse
aus
Vogelruf und Spinnenweb

Warten
auf ein
Osterzeichen

das
meiner Schwermut
Flügel leiht

Ich spanne
eine Seufzerbrücke
Schwermut Erinnerung
führt mich
an das Grab
meines Vaters
in meiner
Vaterstadt

ich pflanz
eine brennende Aster
lösche mit Schnee
und
weine

Treffer
auf
Treffer

Ich kann
meine Wunden
nicht zählen

Schweig Mond
verrate mich
nicht

Sadagora
Hof des Wunderrabbi
betende Scharen
erzählte Wunder

Bedeutende Märchen
fürwahr
ich glaube
sie gern

Komm Stern
gib Zeichen
Lächle Rabbi

Freundschaft
mit der Mondin

Sie versteht
mich gut

Beschwor sie
um einen
feinen Vers

Ich
warte noch

Der Traum lebt mein Leben zu Ende

Mit seidensanftem Leuchten
grüßt mich der Mond
wir sind Freunde
er erzählt
mir Märchen
ich danke ihm
mit einem Vers

Ich wohn
auf einer Toteninsel
mit einem Gelichter
von Wölfen
sie geben mir Milch
und Fruchtbäume
sind mein Brot

Mutter
vergiß daß wir uns
verloren haben
du findest dich jede Nacht
in meiner Traumgüte
und
ich werde
wieder jung

Zeichen
aus dem Ginsterland
Wunder
spielst mir den
Frühling in die Hand

Das
Traumkrokodil
kommt wieder
wie der April
es befiehlt
wir spielen
am Ufer des Herzsees
zwei Kinder
ohne Arg

Toben
im
kühlen Revnawald
im Grünpruth
baden
Kirschen stehlen
kinderwild

Du sagst
vergiß

Doch so etwas
vergißt man nicht
es war
das Schönste
meines Lebens

Der Freund
ist tot

Ich
spiele noch

Komm Engel
treib uns
ins Paradies

Dort sind wir
zwei winzig
kleine Blumen

Der Sommer
feiert Geburtstag

Blitz und Kristall
sein
Gewand

Nimm
ihn auf
im Traumhaus

Mit
hartem Griffel
zeichnete ich
das Lied

Alles
neu macht der
Mai

Ich
singe es

wenn
ich
sehr
einsam
bin

Hörst du
mit heller Stimme
singt die Lerche Lieder
in meinen Schlaf

Ich warte
auf den Duft
der Erinnerung

Die Luft
spielt meinen
Atem

Ich bin
wieder Kind
mische Farbe
für
einen Ball

Zwischen
rot und grün
tanzt ein Spatz
und sucht das Brot
das ich streu

Seine zarte Stimme
ist eine Mahnung
Atme
ein Gedicht
an die Luft

Ich
bin
eine Koralle
im Meer der
Erinnerungen
und warte
auf den Wind

Prinzessin
fisch mich auf
leg mich
um deinen Hals

Das wär
mein Glück

Träge
taumelnd

Die Meilensteine
weit

Mein langsames
Lied

träumend
von
Ende und Beginn

Zwielicht
eines Gewitters
Wolken aus Glas
tanzen
spielende Vögel
im Fenster

Harmonie

Vergiß
die Härte
Verzeih
das Übel

Liebe
deine Toten

Von Himmel zu Himmel
ich fliege
werfe Wolken ins Licht

Umringt von Feuervögeln
atme ich
Gedicht um Gedicht

Ich gehe
im Bett
spazieren

Am Ufer des Ganges
und zur
Mauer Abazzia

Mein Herz
liegt in der
rostigen
Hülle der Trauer

Meine Wege
führen ins Wunder

Wenn
wieder
Jugend grüßt
reite
auf einem
weißen Zirkushengst

In der Arena
liegen
Sonnenblumen

Höre
den Trompetenruf
der rote Hahn
fliegt
ins Maiwunder

Aus dem
Halbmond
strömt Nebelnacht

Grüner Glücksstern
wache
Sei nicht töricht
Stark
ist die Brücke
in
dein Land
aus Licht und
Schweigen

Keine Gefahr

Sternensturz
aus der
Schwärze des Himmels

Mondlied
trifft mein Herz

Nacht
hat meine
Angst gelöscht

Ich warte
heiter
auf den Tag

Ich bin
mit jedem Du
verwandt

Eingeweiht
in das Geheimnis
aus dem
Wörterreich

Das Echo
deiner Stimme
von Stern
zu Stern

Dein Schweigen
singt
eine sanfte
Melodie

Lilienbach
und
Abendwiese

Trinke
Duft und Wasser

Tanze
blaue Walzer

Liebe ihn

Nur ein Traum
Nur ein Traum

Trauer
der Taube

Schattenkreuz
über
dem Herzen

Wie
ein wilder
Pilz im
atemlosen Raum

In der
Asche der
Angst

demütig
leichter leiden

Zauberzeichen
aus dem
erhabenen Sternenreich

Kommen
Worte
so
weine ich

vor Freude
daß ich
singen darf

Genug
Herz verschleudert

Hüte
deine Lippen

Büße
für uralte
Sünden

Trage mich
in den
Sternenkranz

Gib mir
ein Schiff
aus weißen
Wolken
am Tiefmeer
meiner
Einsamkeit

Ich werde
hundert Jahre
sterben

Ich bin
bereit

Der
Nordwind
umarmt meine
Angst

Hab
den Anker
in den Himmel
geworfen

Sternenmoos
bettet mich

lebenslänglich

Hab
alle Gesetze
gebrochen
von
Unordnung zu Unordnung

Hab
gelernt durch
Wände zu gehen
Wolken zu
durchqueren
jenseits der
Himmel

Jenseits
der Silben
quält mich
Stille

Wenn
ich dir
wiederbegegne
auf der Wiese
im Mond
wirst du
drei Worte sagen

Drei Worte wie einst

Ein Wunder
Wir starben
und leben doch

Traum
einer Kindheit
und
Wiedergeburt

Mit
Vineta in das Meer
versunken

Mit
den Walen Bruderschaft
getrunken

Sprich Herr
dein heiliges Werde

Ich
freue mich
auf Sonnenschein

Rad
aus Wolkenerz

Zeigerblitz
der mich
nicht lieben
will

Blütenatem
wo
der Frühling
singt

Ich schwöre es
das Losungswort
heißt
Liebe

Ich werde
die Nüsse
nicht zählen
die der Wind
verstreut

Werde nicht
hoffen
auf das
Wunder Blau

Erwarte
keine Antwort

Nichts
hat sich
geändert

Nichts
bleibt wie
es ist

Rot ist der Sand
mein Atem so
trocken
wie Blei

Der Deuter schläft
einen unendlichen Schlaf

Wir liegen im Lehm
die Flügel gelähmt
die Nacht
entführt uns
die Sterne

Hier sind wir
hier halten wir
Ausschau
hier warten wir
auf eine Zukunft

Kommt
der König des Karnevals
in meine
Augenweide

Will mich
zur Königin krönen
auf der
Straße feurigen Schnees

Vergiß mich
König
ich bin
ein trockener Baum
trage
keine Krone mehr

Führ uns
aus der Arktis
gefrorener Zeit
Moses
rette uns
vor dem
Schlangengeschlecht

Wir wollen leben

Gib uns
wieder
Glieder Augen und Haar
eine Welle Wärme
ein Sternentuch
Lampenlicht und Mutterlied

Ich
liege
im Schatten
und
träume Sonne

Träume
unter einer Wolke
Himmelsblau

Träume die Wolke
träume das
Feuer der Sonne

Träume mich

Auf der Flucht
übernachten
im Sternenlager

Kein Heim
keine Tonne

Am Kai
stehen Schiffe

Länder in der
Tasche
Kupferfliegen
auf der Haut

Das Gold
begraben im Berg

Wir haben
Steppen und Ozeane
Wellen und Hagel
kein Heim
keine Tonne

Orte aus Rauch
ohne Atem und Glanz

Ein Zigeuner geigt
in grüner Watte
jenseits des Zauns

Die Sonne rollt
in Sternenasche
ihr Schatten fällt
auf vergessene Namen

Auf der Sichel
reite ich

ströme
durch Venedigs Paläste

benetze
den Farn

Tautropfen
und Magie

Zaubernacht

Im
Glaswald verirrt
das Gesicht
verloren
Narziß

Wiederholung
im See
wiedergekaut
von den Wellen

Im
Quecksilber gefangen
gestückeltes Lachen

Nein
du bleibst
keine Sekunde
unversehrt

Vertraut
mit dem
Rosenschlaf
gerüstet
gegen die
Flügel der Mühlen

Wir
ziehn durch
das Nadelöhr

Regimenter
zwischen
Sommer und Herbst

Die Sonne
der Regenbogen
die Nacht

Wenn der Schock
kommt
das Herz stockt
der Raum brennt

Gib mir Licht

Flugsand
die Stadt steht
im Blitz
die Glocke
geht
mit dem Donner unter

Verzweifeltes Lachen
von Ast zu Ast
erdrosselte Amseln
im Arm
den Schuh voll
Blut

Starr wie der Stern
der hölzerne Totem
wacht

Auf
den Schalen
meiner Kummerwaage
liegt dein Tod

Schließ
den Kreis

Magnetisch
zieht dein Lied
mich an

Pfauenglanz
Sternenfall

Wimpernschlag
Hauch
im Mai
sag Wahrheit mir

Wann
war ich eine
Möwe
wann hab ich
das Salz umworben
wann ein Schiff
geküßt

Äonen sind versandet

Jetzt
liegt die Sekunde
wie ein gefällter Baum
vor meinem
Haus aus Eis

Dunkle Legende
von Blut zu Blut
vom Abend
an deine Schläfe
gelegt

Zwiesprache
zwischen dir
und der Nacht

Im August
jenseits der Türme
wo die ruthenische
Bäuerin
Früchte trägt

Durch ein
Sternenfeld
schreiten

Taumel
einer
Silberzeit

Worte vom
Horizont

in meiner
offenen Hand

Weise
Sternendeuter
sucht
meinen Stern
des Glücks

Findet
sein Funkeln
seinen
rettenden Glanz

Sturz und Verlöschen
Rauch und Sand

Gib auf

Der Traum
lebt
mein Leben
zu Ende

Quellennachweis

Folgende Gedichte wurden zuerst veröffentlicht in dem Band: *Festtag in Manhattan*, Pfaffenweiler Presse, Pfaffenweiler 1985

Ich lausche
Ich / ein kleine Blume
Letzte Wiederkehr
Vergiß / meine ängstlichen Gesten
Morgens / eine Nachtigall
Im Sommer
Jenen / verlorenen Zeiten
Ich sammle / meine Verluste
Aus der Sonne
Ich danke / den Göttern
Das Weiß einer Säule
Am Himmel
Ich bin / schon lange verschollen
Mit den holprigen Jahren
Der Auferstandene
Als ich / aus der / Kindheit floh
Aus fernen Welten
Ich wohn / auf einer Zauberinsel
Ich entdecke / im Herzen der Sonne
Freundschaft

Inhalt

Ich eine kleine Blume

Meine Toten schweigen tief